Tobias Hoenger

Gnosis - Welche Bedeutung kann oder muss der Gnosis zugetragen werden, in Anbetracht der heutigen Zeit und im Zusammenhang mit der Bibel?

GRIN Verlag

Bibliografische Information der Deutschen Nationalbibliothek:

Die Deutsche Bibliothek verzeichnet diese Publikation in der Deutschen National-
bibliografie; detaillierte bibliografische Daten sind im Internet über http://dnb.d-
nb.de/ abrufbar.

Impressum:

Copyright © 2007 GRIN Verlag GmbH
Druck und Bindung: Books on Demand GmbH, Norderstedt Germany
ISBN: 978-3-640-35525-9

GRIN - Your knowledge has value

Der GRIN Verlag publiziert seit 1998 wissenschaftliche Arbeiten von Studenten, Hochschullehrern und anderen Akademikern als eBook und gedrucktes Buch. Die Verlagswebsite www.grin.com ist die ideale Plattform zur Veröffentlichung von Hausarbeiten, Abschlussarbeiten, wissenschaftlichen Aufsätzen, Dissertationen und Fachbüchern.

Besuchen Sie uns im Internet:

http://www.grin.com/

http://www.facebook.com/grincom

http://www.twitter.com/grin_com

Pädagogisches Ausbildungszentrum Musegg – Seminar

Diplomarbeit von Tobias Hoenger

Gnosis
Welche Bedeutung kann oder muss der Gnosis zugetragen werden, in Anbetracht der heutigen Zeit und im Zusammenhang mit der Bibel?

Eingereicht im Februar 07,
Fachgebiet Religionskunde und Ethik

Inhaltsverzeichnis

1. Einleitung

Gnosis – ein Thema das mich vom ersten Augenblick an, als ich davon hörte, faszinierte. Man schrieb das Jahr 1945, als ägyptische Bauern in einem Lehmdorf namens Nag Hammadi Papyrusrollen fanden. Sieben Jahre danach gerieten diese Rollen in Sachkundige Hände und man verkündete, dass es sich hierbei um gnostische Texte handelt, die von grosser Bedeutung sind. Folglich bekam die Presse davon Wind und plötzlich war die Gnosis wieder aktueller denn je. Seit diesem Zeitpunkt beschäftigen sich viel mehr Leute mit diesem Thema. Es wird darüber geschrieben, philosophiert und kritisiert. Nebst einer grossen Anzahl von Büchern die erschienen sind, gibt es auch jede Menge von Publikationen auf dem Internet über das Thema Gnosis und damit verwandte Themen.

Ich begann zu recherchieren und fand allerlei Erklärungen und Interpretationen darüber. Nachdem ich verschiedenste Texte und Bücher zur Gnosis gelesen habe, war ich aber nicht zufrieden. Im Gegenteil, mir war noch überhaupt nichts klar. Ich fand nebst viel geschichtlichem Hintergrund auch eine Vielzahl von Interpretationen und da fiel mir auf, dass sich die Meinungen in den Köpfen der Leute spalten. Die einen Dossiers besagten, dass die Gnosis im höchsten Masse zu verachten sei, da sie nichts weiter als ein frauenfeindliches Weltbild wiedergebe. Andere schrieben wiederum, dass der Gnosis grosse Annerkennung zugetragen werden müsse, da sie der Schlüssel zum „ewigen Friede" sei.

Was also sollte ich glauben, denn gewusst habe ich noch fast nichts. Der Entschluss stand fest, ich muss mir meine eigene Meinung zum Thema Gnosis bilden. Mit dieser Diplomarbeit habe ich nun die offizielle Möglichkeit dazu. Daher wird es mein Ziel sein, mir ein überhöhtes Fachwissen anzueignen und danach verschiedenste Texte, Bücher und Meinungen zu analysieren und wenn möglich zu interpretieren. Konkret heisst das nun folgendes:

In einem ersten Teil werde ich über die Gnosis allgemein schreiben und erläutern worum es sich handelt, den geschichtlichen Zusammenhang wiedergeben und die Aktualität des Themas überprüfen.

In einem zweiten Teil werde ich dann die Gnosis mit der Bibel in Verbindung bringen und versuchen anhand von ausgewählten Texten den Zusammenhang zwischen biblischen Textstellen und gnostischem Gedankengut zu interpretieren oder nachzuvollziehen. Ich nehme mit Absicht die Bibel; Die Bibel ist das Buch unter den Büchern, es ist mit Abstand eines der meist gelesenen Büchern der Welt. Die Bibel ist für viele Menschen auch heute noch ein Wegweiser durch das Leben. Sie beinhaltet Psalmen und Verse, mit denen sich etliche Menschen auf dieser Welt identifizieren. Dieses Buch wird von ganz verschiedenen Menschentypen gelesen, von Reichen so wie von Armen, von einem Pfarrer und auch von einem Metzgermeister. Das die Bibel ein gutes und in manchen Situationen ein hilfreiches ja sogar tröstendes Buch sein kann will ich nicht abstreiten. Es ist aber auch nicht abstreitbar, dass der Inhalt der Bibel vielerorts ganz individuell ausgelegt werden kann. Es gibt vielerlei Interpretationen über den Inhalt, manche Auslegungen legitimieren für gewisse Gruppen sogar den Krieg.

So fand auch die Gnosis ihren Weg in die Bibel, oder waren es Verfasser der Bibel die beim gnostischen Gedankengut abgeschaut hatten? Diese Frage bleibt zu klären. Sicher ist jedoch, dass die Bibel in manchen Stellen, Teile der Gnosis beinhaltet. Ich mache es mir zur Aufgabe solche Inhalte der Bibel mit der Gnosis oder besser gesagt mit gnostischem Anschauungsbild zu vergleichen und wenn möglich zu interpretieren, um so hoffentlich ein Fazit ziehen zu können das für mich stimmt.

Diese oben genannten Überlegungen ergeben für mich folgende Fragestellung:

Welche Bedeutung kann oder muss der Gnosis zugetragen werden in Anbetracht der heutigen Zeit und im Zusammenhang mit der Bibel?

'In dieser Stunde rief Jesu, vom Heiligen Geist erfüllt, voll Freude aus: Ich preise dich, Vater Herr des Himmels und der Erde, weil du all das den Weisen und Klugen verborgen, den Unmündigen aber offenbart hast. Ja, Vater, so hat es dir gefallen. Mir ist von meinem Vater alles übergeben worden; niemand weiss, wer der Sohn ist, nur der Vater, und niemand weiss wer der Vater ist, nur der Sohn und der, dem es der Sohn offenbaren will. [1]

---

[1] Die Bibel, Einheitsübersetzung, Lukas10,21-22

Teil A

2. Gnosis allgemein

2.1 Was ist Gnosis?

Das Wort Gnosis kommt vom griechischen Sprachgebrauch her und heisst so viel wie „Erkenntnis". Im Laufe der Zeit wurden zwei andere Begriffe gebräuchlich; der Gnostizismus und die Gnostik. Diese beiden Begriffe sind lediglich die latinisierte Form des griechischen Wortes. Der Einfachheit zuliebe werde ich mich bei meiner Arbeit auf den Überbegriff Gnosis beschränken.

Im heutigen Zeitalter wird Gnosis verstanden als eine esoterische Philosophie, eine Weltanschauung oder sogar, wenn auch nur noch sehr selten, als eine Religion. Ferner wird die Gnosis als ein Geheimwissen angesehen, diejenigen (die Gnostiker), die dieses Wissen besitzen werden dadurch von der übrigen Menschheit abgehoben. Die Griechen verstanden unter Gnosis die Erkenntnis überhaupt.

Wer die Erkenntnis hat ist erleuchtet, alle Fragen werden beantwortet. Das Erlangen der „Einsicht" ist kein Prozess sondern die Erleuchtung kommt im Nu. Wer diese Stufe der „Gottesnähe" erreicht, wird es merken ohne jeden Zweifel! Der Gnostiker glaubt nicht sondern er weiss. Die Gnosis ist die Antwort an und für sich.

'Gnosis weiss nach einer von Klemens von Alexandrien überlieferten Verheissung, wer wir waren und was wir geworden sind. Woher wir stammen und wohin wir geraten sind. Wohin wir gehen und wovon wir befreit sind. Was es mit unserer Geburt und was es mit unserer Wiedergeburt auf sich hat.'[2]

Aus verschiedenen Quellen, wie zum Beispiel der Fund von Nag Hammadi, oder aus alten Überlieferungen von Kirchenvätern, (auf die in dem Kapitel „Quellen der Gnosis" noch eingegangen wird), lässt sich zum heutigen Zeitpunkt mehr über die Gnosis sagen. Es bleibt jedoch unbestritten, dass es noch Geheimnisse der Gnosis gibt und noch nicht alles vollständig durchleuchtet ist. Das Thema lässt viel Spielraum um zu interpretieren und zu philosophieren.

---

[2] Werner Hörmann, Gnosis, das Buch der verborgenen Evangelien, Augsburg 1994, S. 10

Hauptmerkmale der Gnosis sind:[3]

> Die materielle Welt wird als die Schöpfung des Bösen, des schwarzen Engels oder eines Assistenten von ihm, angesehen. Damit wird auch alles Leben auf der Erde als negativ beurteilt. Die Gnosis besagt, dass die Menschen auf der Erde in einer Art „Haut" stecken, in der sie eigentlich nicht sein möchten. Nur durch die Erreichung der Erkenntnis kann man sich von diesem „betrunkenen" Zustand lösen.

> Die Gnosis kennt nicht einen Gott im Sinne des Christentums. Man spricht vom Demiurg (griechisch; demiourgós = Schöpfer, Handwerker). Sophia(= Weisheit), ist die Mutter des Demiurgen. Mit der Hilfe dieses Schöpfergottes konnte die Welt nun dualistisch (zweiteilig) gedacht werden. Dieser Dualismus zeigt sich in der Gnosis folgendermassen: Es gibt eine gute göttliche Kraft, die uneingeschränkt „gutes" verbreitet und es gibt eine böse Gottheit, der unvollkommene Demiurg, dieser hat unsere unvollkommene Welt erschaffen. Das heisst also, dass das klassische theologische Problem, sprich das Dasein eines allmächtigen Gottes, (es gibt nur ein Gott), in der Gnosis „gelöst" ist. Man nennt das Theodizee, (frz. Théodicée v. griech. Theos = Gott + dike = Gerechtigkeit). Die Gnostiker vergleichen diesen Gott, (der böse Demiurg), gerne mit dem Gott, der im alten Testament vorkommt; dieser bestraft jedes Streben nach Wissen und lässt die Menschen im Zustand der Unkenntnis, im betrunkenen Zustand, sein. Des Weiteren besagt die Gnosis, dass die vom unvollkommenen Demiurg geschaffene Welt erlösungsbedürftig ist, wie auch er, der sich ebenfalls nach Erlösung sehnt.

> Wie im vorherigen Abschnitt erwähnt kennt die Gnosis nicht die altbekannten Gottheitsbilder des Christentums. Wenn in der Gnosis von einem „obersten Gott" die Rede ist, so meinen die Gnostiker nicht eine Person, sondern der Gott wird eher mit Metaphern wie „Licht" oder „Geist" umschrieben. Oft ist auch die Rede vom göttlichen Funken. Dieser ist in jedem Menschen vorhanden, er schlummert sozusagen in uns, ist aber der materiellen Welt, also unserer Welt, „fremd".

> Wenn nun dieser Funke vom Menschen erkannt wird, löst sich die Person von der materiellen Welt (➔Erkenntnis).

> Ein weiteres Merkmal der Gnosis ist das ein wenig esoterisch angehauchte Verhalten der Gnostiker. Damit meine ich, die Verbreitung der gnostischen Lehren; sie wurden, z.B. in der Antike, nicht öffentlich kundgetan, sondern waren einer Minderheit vorbehalten.

---

[3] Vgl.: Brockhaus Enzyklopädie, achter Band, Mannheim, 1989

2.2 Quellen der Gnosis

Es gibt verschiedenste Quellen die der Gnosis zugrunde liegen. Ich möchte mich hier auf drei der wichtigsten Quellen begrenzen:
- Die mandäischen Quellen
- Der Fund von Nag Hammadi
- Verschiedene Kirchenväter als gnostische Quellen

Die mandäischen Quellen

Die Mandäer sind eine kleine gnostische Sekte, die man heute nur noch im Irak und im Iran antrifft. Das Wort Mandäer kommt vom persischen manda und ist gleichbedeutend mit dem Wort Gnosis im griechischen Sprachgebrauch.

Die Quellen der Mandäer seien der Ursprung der Gnosis behaupten einige Wissenschaftler, da man Textfragmente bei ihnen fand die bis in die vorchristliche Zeit zurück deuten. Es ist jedoch äusserst schwierig für Theologen diese Liturgien und Gebete vollständig zu entziffern, da es an eindeutiger Begrifflichkeit und Sprachkenntnis der Forscher mangelt.

Der Fund von Nag Hammadi

Wie schon in der Einleitung erwähnt ist der Fund von Nag Hammadi ein Meilenstein in der Geschichte der Gnosis. Im Winter von 1945 auf 1946 fanden ägyptische Bauern in der nähe des mittelägyptischen Dorfes Nag Hammadi einen Tonkrug. In der Hoffnung darin auf Gold zu stossen öffneten sie ihn. Was sie fanden waren koptische Texte. Der Wert dieser Fragmente wurde jedoch von den Bauern nicht erkannt und so wurden sie durch verschiedene Hände gereicht. Erst 1952, als die Texte im C.G. Jung Museum landeten, kamen die Textstücke in sachkundige Hände. Letztendlich wurden sie zum ägyptischen Staatseigentum erklärt und kamen ins koptische Museum in Kairo, wo sie auch heute noch liegen.

Der Inhalt dieser Textstücke wurde lange studiert und stellte sich als äusserst mühselig heraus, da es Textrollen waren und verschiedene, wahrscheinlich koptische, Zeichen noch unklar waren. Schlussendlich entschlüsselte man zweierlei Texte: Christlich-gnostische Texte und rein gnostische Texte. Erstaunlich war, dass die Texte von Nag Hammadi Werke enthielten von denen man bis dato noch nichts wusste. Auch die Existenz von verschiedenen

Kirchenvätern wurde durch die gnostischen Texte bestätigt, von denen (den Kirchenvätern), man annahm, sie seien zum Teil nur Mythos.

Einige bedeutsame Texte oder Werke die man fand, waren:

- Die Offenbarung Adams
- Die Geheimschrift des Johannes
- Das Evangelium der Wahrheit
- Die Auslegung über die Psyche
- Das Evangelium nach Maria
- Das Evangelium nach Philippos
- Das Evangelium nach Thomas

Kirchenväter als gnostische Quellen

Kirchenväter sind eigentlich nichts anderes als frühe Schriftsteller, die über die Kirche und deren werden schrieben. Seit dem Fund von Nag Hammadi sind jedoch die Aussagen dieser Kirchenväter immer kritisch zu beurteilen, da man manchmal das Gefühl von einer geschriebenen Eigeninterpretation bekommt.

Hier sind einige Kirchenväter und deren Aussagen oder Taten:

Justinos: Er nannte die Gnosis erstmals beim Namen. Er errichtete eine Schutzschrift die besagte, dass „alle die dieser Richtung (der Gnosis) angehören, müssen Christen genannt werden…"

Hermas: Als Bruder des christlichen Bischofs Pius (144 – 55), war er ein Verfechter des gnostischen Gedankengutes. In seinen Büchern über die Gnosis schrieb er, Zitat, „dass die Gnostiker kaum verstehbare Lehren hätten und sie arrogant und eingebildet seien."

Irenäus: Er war ein sehr bedeutender Mann für die Quellen der Gnosis, ohne ihn wüsste die Nachwelt erst seit dem Fund von Nag Hammadi über die Existenz der Gnosis. Er machte (um 177) die Gnosis öffentlich, indem er in seinen Büchern die gnostischen Systeme aufzeigte. Er verbreitete auch die Lehren der Gnosis unter dem Volk.

Epiphanius: Drei Jahre lang reist dieser Mann (374 – 77) umher um ca. 80 christliche Ketzereien zu beschreiben in seinem Werk „Panarion". Letztendlich gerät er an die Gnosis. Er war von grösstem Ekel überwältigt als er sich der Gnosis anwandte. Er konnte sich in seinen Ausführungen kaum halten, so hat ihn die Verhaltensweise der Gnostiker geschockt. Schlussendlich bittet er den Bischof alle im Dorf lebenden Gnostiker zu verbannen, was dieser dann auch tut.

2.3 Geschichte der Gnosis

Um es vorweg zu nehmen, die historische Glaubwürdigkeit der Existenz der im nachfolgenden Text genannten Personen muss akzeptiert werden, da Berichte von Zeitzeugen vorliegen, denen man aus historischer Sicht glaube schenkt.

Nach Auffassung der Krchenväter ist Simon Magus, auch genannt der „Magier", der Ursprung aller Gnosis. Er hat um dieselbe Zeit wie Kaiser Claudius gelebt, (Kaiser Claudius: 10 v. Chr. – 54 n. Chr.).

Simon kam als junger Mann in die Dörfer und verkündete, er sei „die Kraft Gottes". Mit seinen Zaubereien konnte er das Volk für sich gewinnen und fand schnell Zuhörer.

Auch Kaiser Claudius war von ihm begeistert und liess eine Stele von ihm errichten mit der Inschrift: „Dem Simon, dem heiligen Gotte". Eine bekannte Anekdote zu Simon, die ganz klar der Gnosis zuzuordnen ist, ist folgende: ‚Simon habe in einem Bordell der phönikischen Stadt Tyros eine Prostituierte namens Helena freigekauft und diese „mit sich herumgeführt" und behauptet, sie sei sein „erster Gedanke", der/die durch eine Art kosmischen Unfall in die Wirklichkeit gestürzt worden sei. Sie sei nichts anderes als die ewige Helena, die immer Verlorene. Und deswegen sei er gekommen, um diese zu retten.'[4]

Der erste christliche Gnostiker sei Kerinth gewesen. Er stammte aus der Provinz Asia und lehrte, „das Universum sei nicht von Gott erschaffen worden, sondern von einer anderen Kraft, die über dem Universum steht." Ausserdem sagte er noch etwas sehr interessantes; so sagte er, dass Jesus nicht von der Jungfrau Maria stammt, denn das sei ja unmöglich. Er sagte noch mehr zu Jesus. Er, Jesus, sei nichts weiter als der Sohn von Joseph und Maria wie alle anderen Menschen auch Sohn oder Tochter von jemandem sind. Jedoch besass Jesus, in seinen Augen, eine unglaubliche Weisheit und Einsicht. Lediglich das hob ihn von der übrigen Menschheit ab. Wenn man den Texten von Irenäus glaubt, (dieser hat viel über Kerinth geschrieben), dann sieht Kerinth in Jesus selber einen Gnostiker. (Ich komme in Teil B – Gnosis und Bibel genauer auf das zu sprechen). Kerinth selber sah sich auch als Gnostiker und nicht nur das, er und seine Anhänger sahen sich sogar als Nachfahre von Jesus Christus.

---

[4] Werner Hörmann, Gnosis, das Buch der verborgenen Evangelien, Augsburg 1994, S.25

Jetzt stellt sich nun die interessante Frage: Woher die Gnosis nun eigentlich stammt? Entstand sie durch Simon von Gittia oder von Kerinth und demnach also von Jesus? Nun diese Frage muss wohl offen bleiben, denn wir können nur soweit zurückgreifen wie es uns die Religionsgeschichte erlaubt. Trotzdem, wäre Jesus wirklich der Erfinder der Gnosis gewesen, würde das, so bin ich mir sicher, den Christlichen Glauben und die traditionelle Theologie vielerorts in Frage stellen!

Weitere Namen, (auf die ich nicht näher eingehen werde), die die Geschichte der Gnosis beeinflusst haben sind: Im ersten Jahrhundert, Karpokrates, im zweiten Jahrhundert sind das, Basilides, Marcion und Valentinos. Im dritten Jahrhundert wurde dann die Gnosis vielerorts in den Manichäismus transformiert.[5]

2.4 Gnosis in der heutigen Zeit

Wie schon in den obigen Kapiteln mehrmals erwähnt ist die Gnosis in der letzten Zeit ein viel umworbenes Thema gewesen und ist es immer noch. Vor allem der Fund von Nag Hammadi weckte das Interesse vieler Wissenschaftler. Schon alleine diese Tatsache macht Gnosis zu einem äusserst aktuellen Thema und ich denke, es wird in Zukunft noch aktueller werden.

Nun aber gibt es noch eine Tatsache, die dieses Thema in der heutigen Zeit zur Sprache bringt: Die Medien. Um konkreter darauf einzugehen habe ich zwei Filme ausgewählt, deren Inhalt sich ganz gezielt der Gnosis widmet. Zum einen ist das der Roman von Dan Brown, „Da Vinci Code – das Sakrileg", der später verfilmt wurde. Der zweite Film ist „Matrix", 1999, Warner Home Video, Buch und Regie: The Wachowski Brothers.

The da Vinci Code

Dieser Film, wie auch das Buch, „Das Sakrileg", hat in der Kirchenwelt für Furore gesorgt. Ich habe mir diesen Film selber angeschaut und zum Buch etliche Kommentare und Buchkritiken gelesen um mir selber ein Bild davon zu machen.
Bei Dan Browns Film geht es, nebst einer ausgeschmückten Hollywood Story, auch um das verbotene Evangelium nach Maria Magdalena. Und das ist interessant aus Sicht der Gnosis,

---

[5] Vgl: www-theol.uni-graz.at/cms/dokumente/10005415/0e0550f6/ATT24980.ppt

denn genau dieses Evangelium, nebst anderen, wurde nicht in den Kanon der Bibel aufgenommen, da sich der Inhalt um gnostisches Gedankengut handelt.

So wird im Film behauptet, dass laut diesem Evangelium, Jesu mit Maria Magdalena verheiratet war und sie ein Kind gezeugt haben, dessen Nachfahren noch heute leben.

Im Film geht es nun darum, dass zwei Leute, (Sophie Neveu als Agentin und, wie später erfahren wird, Nachfahre von Maria Magdalena und somit auch von Jesus; und Robert Langdon, ein bedeutender Wissenschaftler), sich auf die Suche nach dem heiligen Gral machen. Im Laufe der Geschichte erfährt man, dass der heilige Gral in diesem Zusammenhang nichts weniger, als die Ruhestätte von Maria Magdalena ist.

Als ich mir den Film dann ein zweites Mal angeschaut habe, habe ich mich besonders auf Aussagen der Personen geachtet, die man mit der Gnosis in Verbindung bringen könnte.

Folgende Merkmale der Gnosis sind mir dabei aufgefallen:

- Es ist von Askese die Rede → Die Gnostiker beziehen sich auf zwei Lebensarten, eine davon ist die Askese, was soviel bedeutet wie Enthaltsamkeit, verzicht auf Genuss jeglicher Art. Im Gegensatz dazu steht der Libertinismus (Befriedigung der Triebe ohne Scham)

- Des Weiteren ist oft die Rede vom „weiblichen im Gott"; die mannweiblichkeit im Göttlichen →Wenn man in der Gnosis von Gott spricht, dann nur im Zusammenhang mit einer Mannweiblichkeit (Dualismus)

- Im Film ist oft die Rede von der Priorée de sion. Sie sind die Wächter der Wahrheit; die Wahrheit liegt im Evangelium der Maria →Schon alleine das Wort „Wächter" macht, aus Sicht der Gnosis, aufmerksam. Wenn dann noch gesagt wird, dass die Wahrheit im Evangelium nach Maria Magdalena liegt, ist die Botschaft eindeutig gnostischer Herkunft.

- Eine sehr interessante Aussage kommt am Schluss des Filmes vor: ‚Die Geschichte zeigt, dass Jesus ein Mann war, der die Menschen inspiriert hat, nichts weiter.'[6] → Als ich diesen Satz hörte, wurde ich hellhörig. Denn wie schon im Abschnitt „Geschichte der Gnosis" beschrieben, machte Kerinth so ziemlich die gleiche Aussage. Da Kerinth der Geschichte nach der erste christliche Gnostiker war, kann man mit Recht schlussfolgern, dass diese Aussage im Film absolut gnostisches Gedankengut vertritt.

---

[6] Film: Da Vinci Code – Sakrileg, Dan Brown, 2006, Best. Nr.: 40862

Matrix

Ein Film, der voll gespickt ist mit Aussagen die zweifellos aus der Gnosis entstammen. Im Film geht es darum, dass die Welt die wir kennen nur eine Illusion ist und die Wirklichkeit ganz anders aussieht, die Wirklichkeit, die reale Welt ist die Matrix. Die Menschen leben also in einer Scheinwelt. Das ganze ist aber nur eine elektronisch Welt, die von Maschinen erschaffen wurde und nun von ihnen kontrolliert wird. Es gibt nur wenige, die durch streben nach Wahrheit erlöst wurden, im Film sind das zum Beispiel „Neo, der Auserwählte" und „Morpheus" der Anführer. Neo sei der Auserwählte der nun die Gabe hat die materielle, nichts ahnende Welt zu retten. Dieses Vorhaben versuchen die Agenten, böse Gegenspieler die die Wächter der Matrix sind, zu verhindern.[7]

Wenn man diesen Film unter Betrachtung des gnostischen Gedankengut anschaut, fällt eine Menge auf: Es ist oft die Rede von einer Scheinwelt, in der die Menschen gefangen sind. Das ist zu vergleichen mit der Erlösungslehre in der Gnosis; die Menschen sind gefangen in der materiellen Welt und leben in einem „betrunkenen" Zustand.
In einer Szene befindet sich Neo beim Orakel, das Orakel (im Film dargestellt durch eine Hausfrau), redet mit ihm und sagt ihm er müsse sich selbst erkennen und weist auf ein Schild oberhalb der Tür, auf dem lateinisch geschrieben steht: Nosce te ipsum, also erkenne dich selbst. Dieses berühmte „Erkenne dich selbst" kann auf zweierlei Arten verstanden werden. Zum einen erinnert es an die berühmte Schrift die Jahrhunderte lang über der Türschwelle des Gottes von Delphi mahnte. Zum andern, erinnert es auch an die Gnosis, wiederum in Verbindung mit der Erlösungslehre; Erst wer sich selbst erkennt, erkennt die Wahrheit und wird erlöst.
Eine interessante Aussage macht Neo am Schluss des Filmes:
‚Ich weiß, dass ihr da draußen seid, ich kann euch jetzt spüren. Ich weiß, dass ihr Angst habt. Angst vor uns, Angst vor Veränderungen. Wie die Zukunft wird, weiß ich nicht. Ich bin hier, um euch zu sagen, wie alles beginnen wird. Ich werde den Hörer auflegen und den Menschen zeigen, was sie nicht sehen sollen: Ich zeige ihnen eine Welt ohne euch – eine Welt ohne Gesetze, ohne Kontrollen, ohne Grenzen. Eine Welt, in der alles möglich ist. Wie es dann weitergeht, liegt ganz an euch.'[8]

---

[7] Vgl.: http://www.rpi-loccum.de/matrix.html, Barbara Brinkop, Wiebke Nitz, Erlösung aus der feindlichen Scheinwelt, 17.02.07

[8] Matrix, 1999 Warner Home Video, Buch und Regie: The Wachowski Brothers, Best.Nr. 16985

Diese Aussage weist eine Menge Gedanken auf, die wir auch in der Gnosis antreffen: Es ist ganz klar eine Vorstellung von Erlösung da. Die Gnosis gibt den Pneumatikern, (die, die erlöst wurden, die um ihren göttlichen Funken und ihrer Herkunft nun bescheid wissen), auch keine Verhaltensregeln vor. Erlösung bedeutet in der Gnosis lediglich „erkennen". Genau das sagt der obige Text aus dem Film aus.[9]

Hier noch einige Schlagwörter die im Film vorkommen und mit der Gnosis verglichen werden können:[10]

- Erlösung, der Auserwählte
- Schlaf, Gefangensein
- Wächter (gemeint sind die Maschinen oder die Agenten)
- Scheinwelt

---

[9]Vgl.: http://www.rpi-loccum.de/matrix.html, Barbara Brinkop, Wiebke Nitz, Erlösung aus der feindlichen Scheinwelt, 17.02.07

[10] a.a.O.

Teil B

3. Gnosis und Bibel

3.1 Zwei Welten prallen aufeinander

Wie schon in der Einleitung erwähnt, gestaltet sich dieser Teil der Arbeit über die Gnosis im Zusammenhang mit der Bibel. Aber was hat nun eigentlich die Bibel mit der Gnosis zu tun? Nun, um diese Frage zu beantworten müssen wir in der Geschichte ungefähr 2000 Jahre zurückgehen.

Die Bibel ist einher mit der Entwicklung des Christentums entstanden. Jedoch war zu dieser Zeit nicht nur das Christentum eine „aktive" Glaubensrichtung. Auch die Gnosis gewann immer mehr an Bedeutung. Durch verschiedenste Kirchenväter, (genaueres zu ihnen, siehe Quellen der Gnosis, Kap. 2.2), die über die Gnosis schrieben und vielleicht sogar auch Gnostiker waren, machte die Gnosis in dieser Zeit publik. Als es darum ging, welche Evangelien in der Bibel, genauer gesagt im neuen Testament, aufgenommen werden sollen (im 2. Jh.), gab es heisse Diskussionen rund um die Evangelien. Die Kirche wollte damals verhindern, das die Gnosis einen Einfluss hat auf die Bibel und wollte nur die „wahre" Lehre des Jesu im neuen Testament haben, da einige, die gnostischen Evangelien, ein anderes Bild von Jesus verbreiteten. Und so wurden nicht alle Evangelien in den Kanon aufgenommen. (Siehe auch Teil A, der Fund von Nag Hammadi). Diese Tatsache allein zeigt uns schon, dass die Gnosis schon einmal mit der Bibel in „Berührung" kam.

Nun aber gibt es noch ein Phänomen das den Zusammenhang zwischen Gnosis und Bibel aufzeigt. Wenn man sich nämlich das neue Testament genauer ansieht und die Briefe und Evangelien durchliest fällt auf, dass man den einen oder anderen Text zur Gnosis rücken kann. Diese Erkenntnis hat schon die „Tübinger Schule" im späten zweiten Jahrhundert gemacht und seither wird über die Bedeutung gewisser Evangelien gestritten. Wird nun über einen christlichen Glauben, einen christlich-gnostischen oder einen rein gnostischen Glauben geschrieben? Diese Frage stellt sich vor Allem im Johannes Evangelium (JohEv).

3.2 Das Evangelium des Johannes als Beispiel des gnostischen Gedankengutes in der Bibel

Über das Evangelium und Johannes

Als ein besonders guter Vergleich wenn man von Gnosis und der Bibel spricht, bietet sich das Evangelium nach Johannes an. Bis heute noch versucht man den Inhalt dieses Evangeliums zu deuten. Eine häufige Erkenntnis daraus ist, dass dieses Evangelium gnostisches Gedankengut beinhaltet. Ich habe es mir nun zur Aufgabe gemacht das Johannesevangelium genauer zu untersuchen und mit Beispielen aus der Bibel, den Zusammenhag zur Gnosis nachzuvollziehen.

Wer war eigentlich dieser Johannes, von dem im 21. Kapitel des Evangeliums gesagt wird er war der „Jünger, den Jesus liebte"? Es ist eins der seltenen Evangelien die reichlich Aufschluss über den Autoren (Johannes) gibt. Zu erwähnen ist, dass der historische Jesus bei Johannes nahezu keine Rolle spielt. Sein Jesus beschreibt er als nahöstlicher Gottessohn der in die Welt kam um die Wahrheit zu verkünden und das Licht zu bringen. Es steht also nicht der historische Jesus im Vordergrund sondern Jesus als Person, die sich selbst verkündigt. Darum ist anzunehmen, dass dieser Jesus so ist, wie er in den Augen von Johannes gesehen wurde, der als Jünger an seinem Leben und seinen Leiden teilnahm.
Eine Tatsache die uns zeigt, dass das Johannesevangelium gnostisches Gedankengut enthält ist die, dass das Evangelium bei den Manichäern eine grosse Bedeutung hatte.
Das Johannesevangelium wurde aber trotzdem in das neue Testament aufgenommen. Wieso aber nimmt die Kirche, die die Gnosis als eine christliche Häresie ansah die es zu bekämpfen galt, diese Evangelium in den Kanon auf? Der Grund dafür liegt wahrscheinlich im Faktum, dass die Grenzen zwischen Gnosis und Christentum im JohEv nicht eindeutig sind.[11]
Des Weiteren ist bekannt, dass das JohEv Feinde wie Freunde hatte. Zu den erst genannten gehören die Aloger, Diese verwarfen das Johannesevangelium, da sie es als ein Werk von Kerinth hielten und demnach gnostisches Gedankengut beinhaltet. (A steht im griechischen für Anti, „loger" wird abgeleitet von Logos, also die Lehre oder im griechischen auch Vernunft). Im Gegensatz zu den Aloger standen, wie schon erwähnt, die Manichäer sowie der

---

[11]Vgl: Katharina Ceming und Jürgen Werlitz, Die verbotenen Evangelien, Apokryphe Schriften, Wiesbaden 2004

Montanismus, eine im zweiten Jahrhundert entstandene religiöse Bewegung die eng mit dem Gnostizismus in Verbindung gebracht wird.

Jetzt möchte ich aber noch einmal zur Frage, wer eigentlich Johannes war zurückgehen. War er nun ein Gnostiker oder war er kein Gnostiker? Laut der heutigen Wissenschaft gibt es zwei Thesen. Die eine besagt, dass er gewollt eine gnostische Sprache und Vorstellung annimmt, diese aber ganz klar in einem antignostischen Sinn verwendet und demnach ein Antignostiker war. Andere behaupten, er sei ein unfreiwilliger Gnostiker gewesen, also nur das Mittel zum Zweck.[12]

Die Schlussfolgerung daraus ist folgende: Im Evangelium des Johannes gibt es Haltungen und Gedanken, die man ganz klar der Gnosis anrechnen kann. Wie diese ausgelegt werden ist aber immer Sache des Lesers bzw. des Interpreten.

Interpretation über Joh 1, 1-18

‚Im Anfang war das Wort, / und das Wort war bei Gott, / und das Wort war Gott.
Im Anfang war es bei Gott.
Alles ist durch das Wort geworden, / und ohne das Wort wurde nichts, was geworden ist.
In ihm war das Leben, / und das Leben war das Licht der Menschen.
Und das Licht leuchtete in der Finsternis, / und die Finsternis hat es nicht erfasst. Es trat ein Mensch auf, der von Gott gesandt war; sein Name war Johannes. Er kam als Zeuge, um Zeugnis abzulegen für das Licht, damit alle durch ihn zum Glauben kommen. Er war nicht selbst das Licht, er sollte nur Zeugnis ablegen für das Licht.
Das wahre Licht, das jeden Menschen erleuchtet, / kam in die Welt.
Er war in der Welt, / und die Welt ist durch ihn geworden, / aber die Welt erkannte ihn nicht.
Er kam in seinem Eigentum, / aber die Seinen nahmen ihn nicht auf.
Allen aber, die ihn aufnahmen, / gab er Macht, Kinder Gottes zu werden, / allen die an seinen Namen glauben,
die nicht aus dem Blut, / nicht aus dem Willen des Fleisches, / nicht aus dem Willen des Mannes, / sondern aus Gott geboren sind.
Und das Wort ist Fleisch geworden / und hat unter uns gewohnt, / und wir haben seine Herrlichkeit gesehen, / die Herrlichkeit des einzigen Sohnes vom Vater, / voll Gnade und Wahrheit.

---

[12]Vgl.: Walter Schmithals, Erträge der Forschung, Neues Testament und Gnosis, Darmstadt, 1984

Johannes legte Zeugnis für ihn ab und rief: Dieser war es, über den ich gesagt habe: Er, der nach mir kommt, ist mir voraus, weil er vor mir war.

Aus seiner Fülle haben wir alle empfangen, / Gnade über Gnade.

Denn das Gesetz wurde durch Mose gegeben, die Gnade und die Wahrheit kamen durch Jesus Christus. Niemand hat Gott je gesehen. Der einzige, der Gott ist und am Herzen des Vaters ruht, er hat Kunde gebracht. [13]

Zuerst einmal ist zu sagen, das „das Wort" auch durch den Begriff „Logos" ersetz werden kann, (auf Griechisch heisst „das Wort" ho lógos). Das wird auch in der Bibel auf Seite 1195 so erläutert. Wir stellen uns also vor, dass im obigen Text der Begriff „das Wort" durch Logos ersetzt wird. Also: „Am Anfang war der Logos, / und der Logos war bei Gott, / und der Logos war Gott". (Joh 1, 1)

Es macht nun Sinn diesen Textausschnitt aus Sicht der Gnosis zu analysieren. → Wenn in der Gnosis die Rede von Gott ist, wird er oft mit dem Begriff Logos umschrieben oder mit dem Logos in Zusammenhang gebracht. Ohne Logos keine materielle Welt. → „Alles ist durch den Logos geworden, / und ohne den Logos wurde nichts, was geworden ist". (Joh 1, 3)

Eine weitere Stelle, die gnostische Gedanken beinhaltet ist Joh 1, 5, die besagt: „Und das Licht leuchtete in die Finsternis, / und die Finsternis hat es nicht erfasst". (Um den Zusammenhang zu sehen, siehe Textausschnitt auf S. 17/18).

Wenn man nun diesen kleinen Abschnitt im Zusammenhang mit den hervorgehenden Stellen sieht, fällt einiges auf: Das Licht ist vom Logos gekommen, also vom „erschaffenden Gott", der dieses Licht in das Leben gegeben hat. Also auch den Menschen auf der Welt. Diese besitzen nun ein Licht in sich, dass in der Finsternis leuchtet. Aber dieses Licht vermochte nicht zu erleuchten, es blieb Finster auf der Erde. → Ganz klar, dass das Gnosis ist oder zumindest so ausgelegt werden kann, denn diese besagt: Jeder Mensch besitzt einen göttlichen Funken (Licht), in sich, er kann ihn aber in der materiellen, niederen Welt, die böse ist (Finsternis), nicht verwerten. Du kannst zum Pneumatiker aufsteigen wenn du die Erlösung erlangst, die Welt unter dir, (unsere Welt), bleibt aber bis auf weiters Finster.

---

[13] Die Bibel, Einheitsübersetzung, Johannes 1, 1-18

3.3 Fragen an XX über das Thema, Gnosis innerhalb der Bibel

Als ich mit dieser Arbeit begonnen habe war für mich klar, dass ich nebst meinen Gedanken noch eine andere Meinung zur Gnosis in Zusammenhang mit der Bibel hören möchte. Es liegt auf der Hand, dass ich jemanden brauchte, der sich beruflich mit der Bibel beschäftigt und etwas darüber zu berichten weiss.

Nach kurzer Suche geriet ich dann schlussendlich an die Theologin und Pastoralassistentin XX, die sich bereit erklärte, mir Auskunft zu geben und ihre eigene Meinung zum Thema preiszugeben.

Vorbemerkung von Frau XX: Bevor ich die Fragen beantworte ein wichtiger Aspekt: Ich bin keine Spezialistin für das Thema Gnosis. Die Gnosis begegnete mir aber während des Studiums schon ab und zu. Trotzdem hatte ich jetzt zuwenig Zeit mich etwas vertiefter in das Thema einzuarbeiten, da der Abgabetermin schon vor der Tür stand. Die Beantwortung der Fragen sind als Gedankensplitter anzusehen, die überhaupt nicht vollständig sind.

1. Gibt es Gedankengut aus der Gnosis, das Ihnen missfällt?

Ich persönlich habe z. B. Mühe mit dem Frauenbild, das in einzelnen gnostischen Schriften zum Vorschein kommt. Ich verweise dabei auf die Arbeiten von Silke Petersen, hier auf einen Artikel in der Zeitschrift Bibel und Kirche. Dort weist Petersen auf Stolpersteine hin, welche in christlich-gnostischen Schriften (apokryphe Texte) ihrer Meinung nach vorhanden sind wie z.B. das Ideal einer „Vermännlichung" von Frauen. So weist z.B. Petersen auf das Thomasevangelium hin, „wo Jesus Maria Magdalena zusagt, er werde sie „männlich" machen, damit sie ein „lebendiger", „männlicher Geist" werde. Fazit. Eine Frau kann nur im Männlich-Werden zu einem höheren Geist gelangen, denn Weiblichkeit und Körperlichkeit wird in der Gnosis zusammengedacht und Männlichkeit und Geist. „Die Hierarchie ist klar: Geist und Männlichkeit sind positiv zu bewerten, Körper und Weiblichkeit negativ". Mit dieser Vorstellung habe ich natürlich auch als Frau sehr grosse Mühe.

2. Finden Sie auch einige gnostische Schriften/Gedanken gebräuchlich, bzw. gut?

Um diese Frage genauer zu beantworten, müsste ich mich in den gnostischen Schriften besser auskennen. Ich finde es sehr interessant, dass es ein Evangelium nach Maria (von Magdala) gibt. Lange wusste man nichts über seine Existenz. Berühmt ist das Evangelium nach Maria, weil es nach einer Frau, eben nach Maria von Magdala benannt ist, die in allen vier Evangelien erwähnt wird und in den synoptischen Evangelien immer als erste einer Gruppe von Frauen genannt wird, also eine Vorzugsstellung unter ihnen hat. Da mir Maria von Magdala sehr viel bedeutet, fasziniert mich natürlich die Tatsache, dass es ein solches Evangelium gibt, auch wenn von diesem Evangelium nur knapp die Hälfte bekannt ist.

3. Gerade in den letzten Jahren erfuhr die Gnosis einen neuen Aufschwung, so zum Beispiel im Roman von Dan Brown „Da Vinci Code". Sehen Sie durch die Verbreitung dieses Gnostizismus eine Gefährdung des Christentums?

Zum einen muss man Browns „Da Vinci Code" als das ansehen, was es ist. Es ist ein Roman – ein spannender Kriminalroman und kein Sachbuch über die Gnosis.

Dann ist es eine Tatsache, dass katholische und evangelische Theologinnen und Theologen sich mit der Forschung von gnostischen Schriften befassen. Ich verweise dabei z.B. auf das Buch von Hans-Josef Klauck, der 2002 eine Einführung in die apokryphen Evangelien schrieb. Ich denke nicht an eine Gefährdung des Christentums, sondern eher an eine Entdeckung der Vielfalt, die uns auch inspirieren kann. „Die apokryphe Literatur ist eine wichtige Quelle für die Kenntnis des frühen Christentums. Sie führt die Vielfalt vor Augen, in der sich der christliche Glaube seit früher Zeit Ausdruck verschaffte" (Jens Schröter).

4. Die Bibel ist für viele Leute ein „wegweisendes" Buch. Für etliche Menschen auf dieser Welt gibt sie Hilfestellungen und kann sogar manchmal das Leid mindern.
Nun weiss man aber, dass zum Beispiel im Evangelium des Johannes, gnostisches Gedankengut vorliegt. Diese „Glaubensrichtung" ist aber oft überhaupt nicht identisch mit demjenigen des Christentums, ja oft sogar gegensätzlich. Darum die Frage an Sie, glauben Sie, dass diesen Menschen, die an den Inhalt der Bibel glauben und darauf vertrauen, eine „falsche" Wahrheit oder zumindest nicht die ganze Wahrheit vermittelt wird?

Die Bibel ist Gottes Wort im Wort der Menschen. Es sind Menschen, die diese Texte geschrieben haben. Diese Menschen waren, wie wir es auch sind, eingebunden in ihre Zeit und Kultur und teilten mit den Zeitgenossinnen und Zeitgenossen Denken, Wissen, Fühlen, also die ganze Lebenswelt. Und diese Lebenswelt erscheint uns manchmal auch sehr fremd. So ist es die Aufgabe der Exegese, der Bibelwissenschaft unermüdlich danach zu fragen, was die menschlichen Verfasser damals meinten und was nicht. Auf der anderen Seite dürfen die Christen und Christinnen nicht vergessen, dass die Bibel ein unerschöpfliches Lebens- und Glaubensbuch ist, das immer wieder neue Gotteserfahrungen schenkt. Es geht immer wieder darum, aufrichtig der Botschaft nachzuspüren, welche die Texte der Bibel für die heutige Zeit bereithalten. Ich verweise, was die Interpretation der Bibel in der Kirche anbelangt, auf „Dei Verbum", ein 1993 veröffentlichtes Dokument der Päpstlichen Bibelkommission mit dem Titel „Die Interpretation der Bibel in der Kirche" (Verlautbarungen des Apostolischen Stuhls 115).

5. Haben Sie sonst noch etwas zu sagen oder zu berichten zum Thema Gnosis und Bibel?

Für mich ist und bleibt die Bibel, so wir sie heute vor uns haben, als eine Sammlung von verschiedenen Büchern mit den unterschiedlichsten Gattungen, ein faszinierendes Buch. Wie weit in der Bibel gnostisches Gedankengut vorkommt, da verweise ich auf die Bibelkommentare und die Forschung. Sicher aber ist, dass einzelne Christinnen und Christen der frühen Kirche mit gnostischem Gedankengut in Berührung kamen und sich damit auseinandersetzten. Zum Teil waren sie davon begeistert oder sie distanzierten sich klar davon. Da können wir dann von einem „Differenzierungsprozess" ausgehen.

Literatur

Die apokryphen Evangelien, Bibel und Kirche, 2./2005.
Hans-Josef Klauck, Apokryphe Evangelien. Eine Einführung, Stuttgart 2002.

4. Fazit

Am Anfang dieser Auswertung möchte ich erwähnen, dass ich Dank dieser Arbeit einiges gelernt habe. Ich habe gelernt zu recherchieren, einen Text zu formatieren, mit Büchern umzugehen und noch vieles mehr. Aber am meisten Freude hat mir das Thema selber vermittelt. Dank der Gnosis haben sich bei mir neue Gedanken entwickelt, die ich nie zuvor in diesem Ausmass besass. Diese Tatsache sehe ich als das am meisten zu gewichtende Fazit!

Welche Bedeutung kann oder muss der Gnosis zugetragen werden in Anbetracht der heutigen Zeit und im Zusammenhang mit der Bibel?
Das war meine Fragestellung, die ich am Anfang dieser Arbeit formuliert habe. Als Fazit möchte ich nun auf diese Fragestellung eingehen und Schlussfolgerungen aus dem Text ziehen.
Um es gleich vorweg zu nehmen; ja der Gnosis wird in der heutigen Zeit, im Zeitalter der Informatik, Aufmerksamkeit geschenkt. Nebst vielen Wissenschaftlern und Theologen die sich mit der Thematik beschäftigen, hat auch Hollywood den Braten gerochen. Damit meine ich, dass die Gnosis eine Glaubensrichtung, Religion, Sekte oder esoterische Philosophie ist, die ein Mysterium in sich birgt. Genau dieses Mysteriöse, dieses Geheimnisvolle zieht die Menschen an. Man möchte es verstehen, kann es aber nicht. Im Kapitel „Gnosis in der heutigen Zeit" habe ich, anhand von zwei ausgewählten Filmen, den Zusammenhang mit der Gnosis beschrieben. Diese zwei Hollywood Streifen lockten die Menschenmassen an. Sie vermitteln einen Stoff, der die Leute zum Nachdenken anregt. Was viele nicht wissen, es ist gnostisches Gedankengut. Wie viel Wahrheit in den Filmen liegt, lässt sich nicht sagen. Sicher ist aber, dass die Gnosis ernst zu nehmen ist, da sie, zumindest für den grössten Teil der Menschheit, eine neue Glaubensrichtung darlegt. Ich bin mir sicher, dass die Gnosis ihren Zenit in der Welt der Informatik noch nicht erreicht hat und noch Einiges kommen wird.

Eine Schlussfolgerung über die Gnosis im Zusammenhang mit der Bibel zu ziehen dürfte schwierig werden. Trotzdem kann ich sagen, dass mir viel Neues bewusst wurde und mir etliche Fragen durch den Kopf schwirren, die mich beschäftigen.
Ich habe mich in dieser Arbeit mit dem Johannesevangelium auseinandergesetzt und festegestellt, dass eine Zusammengehörigkeit zwischen dem gnostischen Gedankengut und diesem Evangelium besteht. Das hat mich zum Nachdenken angeregt. Ist es nicht verblüffend, dass in diesem, ausgenommen christlichen bzw. lutherischen Buch, Aussagen anzutreffen

sind, die nichts mit diesem Glauben zu tun haben, ja ihn sogar in Frage stellen? Hat die Bibel vielleicht eine ganz andere Bedeutung als die, die wir bisher kennen? Ja, es stellt sich mir sogar die Frage ob wir, die Christen, belogen wurden? Der Ursprung des Christentums befindet sich in der Gnosis. Das könnte man zumindest annehmen, wenn man bedenkt, dass der biblische Johannes ein anderes Jesusbild beschreibt als dasjenige der anderen Jünger.

Zum Schluss bleibt mir noch eines zu sagen: Ich bin fest davon überzeugt, dass die Gnosis wertvolle Gedanken beinhaltet die für uns Menschen von Bedeutung sind. Es liegt nun an uns, diese Bedeutung zu finden. Eines Tages wird sich die Welt vielleicht zum Guten wenden und wir alle werden erlöst sein. Bis es soweit ist müssen wir, das heisst jeder einzelne Mensch, dafür sorgen, dass es der Welt ein bisschen besser geht. Die Kraft, sprich den göttlichen Funken, schlummert in Jedem von uns. Wir müssen ihn nur noch erkennen!

Literatur- und Quellenverzeichnis

- Brockhaus Enzyklopädie, neunzehnte Auflage, Achter Band (FRU – GOS), Mannheim, 1989, unter Gnosis
- Die Bibel, Einheitsübersetzung, Altes und neues Testament, Freiburg; Basel; Wien, 1980
- E. van Ruysbeek und M. Messing, Das Thomasevangelium – seine östliche Spiritualität, Solothurn; Düsseldorf, 1993
- Katharina Ceming und Jürgen Werlitz, Die verbotenen Evangelien, Apokryphe Schriften, Wiesbaden 2004
- Rudolphe Kasser, Marvin Meyer, Gregor Wurst, Das Evangelium des Judas, Wiesbaden 2006
- Silke Petersen, ‚Zerstört die Werke der Weiblichkeit' – Maria Magdalena, Salome und andere Jüngerinnen Jesu in christlich-gnostischen Schriften, Leiden; Boston; Köln, 1999
- Walter Schmithals, Erträge der Forschung, Neues Testament und Gnosis, Darmstadt, 1984
- Werner Hörmann, Gnosis, Das Buch der verborgenen Evangelien, Augsburg 1994
- Wolfgang Schultz, Dokumente der Gnosis, München, 1986
- www-theol.uni-graz.at/cms/dokumente/10005415/0e0550f6/ATT24980.ppt
- http://www.rpi-loccum.de/matrix.html, Barbara Brinkop, Wiebke Nitz, Erlösung aus der feindlichen Scheinwelt, 17.02.07
- Matrix, 1999 Warner Home Video, Buch und Regie: The Wachowski Brothers, Best.Nr. 16985
- The Da Vinci Code – Sakrileg, Dan Brown, 2006, Best. Nr.: 40862